VENTE DU MERCREDI 1er MAI 1889

HOTEL DROUOT, SALLE N° 4

OBJETS DE CURIOSITÉ

DE

L'EXTRÊME-ORIENT

Laques et Ivoires japonais

ÉMAUX CLOISONNÉS DE LA CHINE

Bronzes, Porcelaines

MEUBLES, TENTURES

Objets de vitrine européens

EXPOSITION PUBLIQUE

LE MARDI 30 AVRIL 1889

DE 1 HEURE A 5 HEURES

Me P. CHEVALLIER	**M. Ch. MANNHEIM**
COMMISSAIRE-PRISEUR	EXPERT
10, rue de la Grange-Batelière, 10	7, rue Saint-Georges, 7.

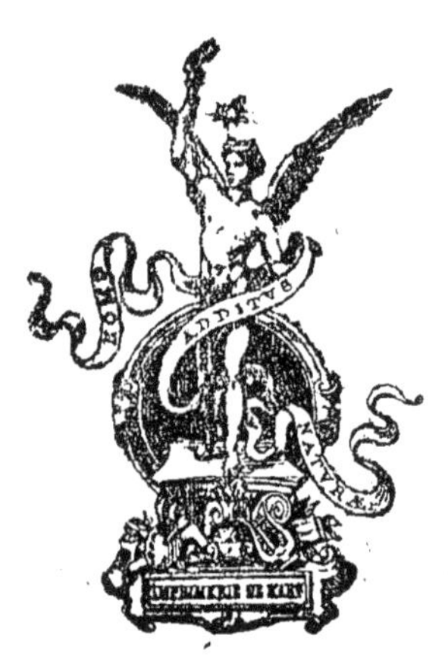
HOMO ADDITVS NATVRÆ

CATALOGUE

DES

OBJETS DE VITRINE

Européens et de l'Extrême-Orient

Boites, Bonbonnières en émail de Saxe, Bijoux, Éventails
Porcelaines de Saxe, Petits bronzes, etc.

CURIOSITÉS DU JAPON

LAQUES : Pitongs, Boîtes, Petits Cabinets, Trousses, etc.
IVOIRES : Petits Cabinets, Netskés, Boutons
Jades, Bois sculptés, Porcelaines

ÉMAUX CLOISONNÉS, BRONZES

MEUBLES ET TENTURES BRODÉES

Garnissant un

BOUDOIR JAPONAIS

ET DONT LA VENTE AURA LIEU

HOTEL DROUOT, SALLE N° 1

Le Mercredi 1er Mai 1889

A 2 HEURES

Me PAUL CHEVALLIER	M. CHARLES MANNHEIM
COMMISSAIRE-PRISEUR	EXPERT
10, rue de la Grange-Batelière, 10	7, rue Saint-Georges, 7

EXPOSITION PUBLIQUE

Le Mardi 30 Avril 1889, de 1 heure à 5 heures.

CONDITIONS DE LA VENTE

Elle sera faite *expressément* au comptant.

Les acquéreurs payeront en sus des enchères *cinq pour cent*, applicables aux frais de la vente.

L'exposition mettant le public à même de se rendre compte de l'état et de la nature des objets, il ne sera admis aucune réclamation une fois l'adjudication prononcée.

Paris. — Imprimerie de l'Art. E. MÉNARD et Cie, 41, rue de la Victoire.

DÉSIGNATION DES OBJETS

OBJETS DE VITRINE EUROPÉENS

1 — Boîte carrée en émail de Saxe, décorée de jeux d'amours peints en couleur sur fond blanc ; monture en argent ciselé et doré.

2 — Boîte losangée en émail de Bettersea, fond blanc à réserves, contenant des paysages polychromes.

3 — Boîte ovale en porcelaine de Saxe, décorée de scènes galantes en camaïeu rose, encadrées d'un filet d'or et d'imbrications vertes.

4 — Boîte ronde en poudre d'écaille violette posée d'or, ornée sur le couvercle d'une miniature sur ivoire : Jeune Femme en costume Louis XVI.

5 — Étui cylindrique en vernis de Martin, décoré

de figures d'enfants, peintes en couleurs sur fond doré, il est cerclé d'argent doré. Époque Louis XV.

6 — Boîte rectangulaire en émail de Saxe, à décor de figures chinoises, kiosques et plantes en émaux transparents et opaques avec rehauts d'or sur fond blanc. Monture en argent doré.

7 — Nécessaire de poche en émail de Saxe, fond blanc à décor de rocailles en relief formant l'encadrement de médaillons peints en émaux de couleur et représentant des paysages avec figures.

8 — Boîte plate formée de deux plaques rectangulaires, peintes en couleur sur émail blanc à figures mythologiques; monture en cuivre ciselé et doré.

9 — Boîte à deux compartiments et à pourtour à gorge en émail de Saxe fond blanc, décoré de vues de villes en grisaille, animées de petites figures rehaussées de couleurs ; monture de forme Louis XV, en cuivre doré.

10 — Petite coupe à pans, élevée sur une tige reposant sur une plinthe à angles coupés ; le tout formé de plaques de lapis-lazuli, montées en argent. La partie supérieure de la tige est entourée de grappes de raisins en perles.

11 — Petit éventail Louis XV en ivoire, peint en couleur avec rehauts d'or, à médaillon principal : Diane et Actéon, et petits compartiments à figurines chinoises.

12 — Deux pièces : petit éventail à monture d'écaille blonde cloutée d'acier avec gouache représentant un port de mer et une cuillère à cuilleron d'écaille et manche d'ivoire et de corail.

13 — Boîte à cure-dents Louis XVI en ivoire, oblongue, ornée sur le couvercle d'une miniature : Nymphes et Amours, et bordée de cordons de perles d'acier.

14 — Très petite boîte en jaspe sanguin, ayant la forme d'une coquille, taillée à godrons avec monture en vermeil.

15 — Figurine allégorique : Femme les yeux bandés et tenant une épée, portant une robe à ramages; ancienne porcelaine de Saxe, décorée en couleur avec rehauts d'or.

16 — Deux pièces : figurine de marchande de fleurs, à chapeau et pèlerine noirs, en vieux Saxe, et Amour portant une corbeille, en Chelsea.

17 — Deux pièces : petite bonbonnière décorée de bouquets et d'imbrications vertes, et Coq et poule, en Saxe.

18 — Bijou pendeloque : Saint Georges en émail, enrichi de perles et de pierres de couleur.

19 — Croix en or émaillé enrichie de pierres vertes et de perles.

20 — Deux bijoux : Saint-Esprit, argent et stras, et colombe, argent doré et perles.

21 — Petite corbeille ancienne en fil de laiton tressé en vannerie.

22 — Deux pièces en argent : flacon cordiforme gravé et boîte ovoïde munie de chaînettes suspendant des piécettes.

23 — Coupe en porcelaine de Saxe, à décor d'oiseaux en couleur et d'imbrications roses avec monture en bronze doré. Style Louis XV.

24 — Trois groupes de Saxe moderne.

25 — Miniature ovale, peinte à l'huile sur cuivre : Portrait d'une dame de l'époque Louis XIV, dans un cadre en bois sculpté et doré.

26 — Miniature ronde, sur ivoire : Nymphe en buste, signée Zuccaro, 18...

27 — Bronze à patine rouge, de *E. Barrias, 1877*. Groupe de deux enfants se jouant sur une tortue ; plinthe de marbre noir.

28 — Écrin de croix, en bois sculpté, peint vert et doré. Époque Louis XV.

29 — Figurine d'enfant Bacchus en argent (incomplète).

30 — Plusieurs vases, porte-bouquets et coupes en cristal gravé et en verre ; modernes.

OBJETS DE VITRINE ORIENTAUX

LAQUES DU JAPON

31 — Petit cabinet rectangulaire à trois tiroirs en laque dorée du Japon, avec rehauts d'argent et de couleurs : les pans sont décorés de scènes familières et le dessus d'une perruche perchée sur une branche : les boutons de tiroirs présentent en métal estampé des personnages tenant un éventail.

32 — Petit cabinet rectangulaire, à porte et à trois tiroirs intérieurs en laque dorée du Japon, rehaussée d'argent, sur socle en bois noir à rinceaux dorés ; le dessus et les pans sont ornés d'oiseaux et d'arbustes fleuris, les vantaux de la porte, de pivoines et de papillons ainsi que les tiroirs.

33 — Deux petits vases, balustres carrés, en bois dur, rougeâtre, très finement décorés de figures en métal à plusieurs tons, de grues, de plantes et d'oiseaux en laque dorée et en nacres incrustées.

Haut., 92 millim.

34 — Deux autres, de même forme, en bois dur, noir, décorés de figures, d'oiseaux et de fleurs en relief, exécutés en laque dorée et en incrustations de nacre gravée.

35 — Trousse à cinq compartiments, en laque dorée du Japon, à reliefs ; décor représentant le rivage de la mer, avec des îles et des montagnes.

36 — Trousse à quatre compartiments, en laque dorée du Japon, à reliefs avec rehauts d'argent, de couleurs et d'ivoire rapporté : décor présentant d'un côté le dieu de longévité accompagné du cerf, un emblème ; de l'autre, un enfant regardant une cigogne.

37 — Trousse à cinq compartiments, en laque dorée

du Japon, avec rehauts de couleurs; décorée sur une face d'un vase de fleurs et sur l'autre de deux oiseaux voltigeant.

38 — Trousse à quatre compartiments, en laque à fond noir du Japon, en partie poudrée d'or, décorée de fleurs en couleurs et en burgau.

39 — Deux petites boîtes en laque dorée du Japon : l'une, carrée, est décorée sur le couvercle d'un paysage ; l'autre, rectangulaire, de petites fleurs.

40 — Deux petites boîtes en laque dorée du Japon : l'une, ronde, est ornée, sur le couvercle, de fleurs et de papillons ; l'autre, carrée et plus haute, de fleurs sur les pans et le dessus.

41 — Petite boîte à cinq lobes et à trois compartiments superposés, en laque dorée du Japon, avec rehauts d'argent ; le dessus simule une fleur d'eau à cinq pétales, et les pans sont ornés de fleurs et de radeaux flottant sur l'eau.

42 — Petite boîte en forme de fruit, en laque dorée

du Japon : sur le couvercle, un oiseau perché sur une branche.

43 — Petite boîte lenticulaire en laque dorée du Japon, présentant sur le couvercle un éventail ouvert près d'une branche de fleurs.

44 — Deux boîtes rectangulaires, en laque dorée du Japon, décorées en couleurs, sur le couvercle, d'un semis de chrysanthèmes inscrites dans des cercles entrecroisés avec inscription sur le côté.

45 — Petite boîte plate et rectangulaire, en laque dorée du Japon, décorée, sur le couvercle, de fleurs, avec fil simulé pour la fermer.

46 — Petit pitong en bois noir, décoré de branchages en laque d'or, de fleurs et d'oiseaux en nacre incrustée.

47 — Boîte lenticulaire en laque rouge de Pékin, ciselée, présentant d'un côté un bouquet de pivoines, et de l'autre la figure du dieu de longévité monté sur un cerf.

48 — Étui à trois compartiments, à figures, animaux et attributs en couleur sur fond aventurine.

IVOIRES JAPONAIS

49 — Deux pitongs cylindriques en ivoire décorés de figures, de buissons et d'arbres en fleurs, d'oiseaux, etc., exécutés en laque dorée et argentée en relief, en incrustation de nacres, de coraux, etc.; le tout d'un travail délicat et précieux. Ils sont montés en bronze ciselé et doré, et reposent sur trois pieds têtes d'éléphants.

Haut., 16 cent.

50 — Petit cabinet japonais, en ivoire décoré sur toutes ses faces de figures, danseurs et musiciens, sculptées et gravées dans l'épaisseur des parois; il est à trois tiroirs que recouvrent deux vantaux.

51 — Ivoire japonais. Petit tableau posé sur un chevalet, décoré de cigognes et de plantes fleuries en laque d'or et incrustations de nacre.

52 — Petit plateau rectangulaire en ivoire du Japon, décoré d'une nichée de chats en laque dorée et argentée, avec applications de nacre.

53 — Petite bonbonnière formée d'une pomme en ivoire, décorée d'oiseaux et d'arbustes fleuris, en laque dorée et incrustations de nacre et de pierres de couleurs.

54 — Douze netzkés en ivoire du Japon.

55 — Six boutons en ivoire du Japon, représentant des animaux divers.

56 — Deux petits groupes en ivoire du Japon, composés, l'un d'un personnage donnant à boire à un cavalier; l'autre, de trois paysans avec un bœuf.

57 — Cachet en ivoire du Japon, composé d'un éléphant sur socle rectangulaire.

58 — Pitong en ivoire, décoré d'appliques en métal japonais, élevé sur pied en laque.

59 — Groupe de deux femmes japonaises en ivoire.

60 — Quatre pièces : trois boutons en bois du Japon et trousse à un compartiment en bois du Japon, décorée de perroquets, avec rehauts de laque.

JADES

61 — Jade blanc. Coupe en forme de feuille d'eau plissée, décorée de chauve-souris en bas-relief et s'appuyant sur des branchages fouillés à jour; elle repose sur un socle en bois dur.

62 — Jade gris. Petite coupe entourée de branchages en relief pris dans la masse ; socle en bois de fer.

63 — Jade vert. Petite feuille d'écran à ornements sculptés et ajourés, avec support en bois de fer.

64 — Jade. Coupe en forme de fruit, entouré de branches en relief; socle en bois de fer.

OBJETS VARIÉS

65 — Boîte ronde et plate en écaille sculptée, à décor de figurines, d'habitations et d'arbres en haut-relief et fouillés à jour. Travail chinois.

66 — Cloche en bois, couleur bronze à nervures et clous en relief, autour de laquelle grimpent trois figurines rapportées en ronde bosse en bois, à patine rougeâtre.

67 — Trois petites tasses en émail peint de la Chine ; l'une échiquetée noir et blanc, l'autre à décor de fleurs polychromes, la troisième papelonnée de rose.

68 — Quatre pièces : deux petites cuillères en argent, garnies de coraux ; boîte ronde en filigrane d'argent et un petit instrument de musique japonais, en bois dur et ivoire.

69 — Lot de grands éventails chinois et espagnols.

PORCELAINES

70 — Deux petites bouteilles variées de forme, en vieux Chine, à couverte bleu turquoise truité.

71 — Vase de forme ovoïde en céladon flambé violet.

72 — Jardinière droite et côtelée en porcelaine du Japon, décor à figures.

73 — Deux chimères en regard, en porcelaine de Chine, émaillée jaune, bleu et vert ; socles en bois.

74 — Petite jardinière quadrangulaire, évasée, en porcelaine moderne de Chine, à branches de fleurs en couleurs sur fond vert ; elle est élevée sur socle en bronze de style chinois, de la maison *Marnyhac*.

75 — Pitong posé dans un vase carré, en céladon, à parois ajourées.

76 — Assiette d'ancienne porcelaine de Chine à couverte turquoise truitée.

77 — Autre à couverte rougeâtre.

78 — Assiette en porcelaine de Chine à décor représentant un paysage maritime, en émaux de couleur avec rehauts d'or; revers émaillé carmin.

79 — Deux plats ronds, Japon moderne, à décor en émaux de couleur avec rehauts d'or.

80 — Deux pièces : petite boîte à double échancrure latérale décorée en émaux de la famille verte, et plateau à bord lobé, orné de figures en couleurs.

81 à 84 — Dix assiettes en porcelaine du Japon, presque toutes à personnages, en émaux de couleur avec rehauts d'or.

85 — Grand brûle-parfums en poterie de Satzuma, à décor de paysage en relief, rehaussé de vert et d'or sur fond blanc; le couvercle est surmonté d'une chimère.

86 — Deux vases à double renflement, en poterie de Satzuma, à décor de bouquets en couleur avec rehauts d'or.

BRONZES

87 — Brûle-parfums chinois en bronze sur trois pieds droits, garni d'anses surélevées et décoré d'ornements en relief sur fond de grecques. Couvercle en bois dur surmonté d'un oiseau en jade.

88 — Deux flambeaux formés de plantes aquatiques, en bronze à patine noire.

89 — Vase-applique de bronze à patine noire, à décor simulant une vannerie.

90 — Vase en bronze, à patine brune et à décor en façon de jonc tressé ; il est muni d'une anse surélevée très grande et décrivant une ellipse.

91 — Bonbonnière ronde en métal japonais revêtu d'une tresse de lames de cuivre simulant l'osier ; couvercle composé de coquillages, dorés et argentés, ayant un crabe pour bouton.

92 — Brûle-parfums en forme de canard, en bronze du Japon.

93 — Crabe en bronze, muni d'une patine noire.

94 — Petit vase en bronze de la Chine à figures et habitations en relief et dorées.

95 — Brûle-parfums surbaissé sur trois pieds droits et à couvercle ajouré surmonté du chien de Fô en bronze du Tonkin doré partiellement.

96 — Petit brûle-parfums en bronze à couvercle ajouré et surmonté d'une chimère.

97 — Vase à corps surbaissé et col évasé, en bronze, décoré de dragons dorés et argentés.

ÉMAUX CLOISONNÉS

Belle garniture de cheminée en émail cloisonné de la Chine avec monture en bronze ciselé et doré :

98 — Jardinière ovale et lobée en émail cloisonné

de la Chine à décor de plantes polychromes sur fond blanc, avec jolie monture en bronze ciselé et doré, comprenant une collerette à crête ajourée, munie de deux anses surélevées à clochettes et une base à têtes chimériques et denticules reposant sur quatre pieds figurés par des têtes d'éléphants.

Haut., 35 cent.

99 — Deux belles girandoles, formées chacune d'un éléphant en émail cloisonné de la Chine, fond blanc, à caparaçon et harnais de couleurs supportant, sur une selle jaune, un vase balustre, aussi en émail cloisonné à fond bleu, d'où s'échappent sept branches contournées porte-bougies à douilles repercées à jour.

Haut., 65 cent.

100 — Galerie de foyer formée de deux cerfs en émail cloisonné de la Chine, fond verdâtre rehaussé d'émaux de couleur, couchés sur des socles rectangulaires à moulures et rosaces ajourées en bronze, reliés par une traverse à ressaut médian supportant une statuette du dieu de longévité

101 — Jolie jardinière de suspension formant lustre en bronze ciselé, repercé à jour et doré, de style chinois, enrichi de parties en émail cloisonné de la Chine à fond bleu turquoise.

102 — Petite boîte rectangulaire en émail cloisonné de la Chine à festons de fleurs et lambrequins en émaux de couleurs sur fond blanc.

103 — Bonbonnière lenticulaire en émail cloisonné à ornements et fleurs polychromes sur fond bleu.

104 — Cigogne en émail cloisonné du Japon, reposant sur une touffe de plantes aquatiques en bois sculpté et fouillé à jour.

105 — Petite théière en émail cloisonné du Japon.

BOUDOIR JAPONAIS

MEUBLES, ÉTOFFES

Tentures et draperies d'un boudoir japonais composé d'étoffe en peluche vert chatoyant à reflets dorés et de panneaux carrés en satin bleu et violet, décorés de riches broderies de soies de couleur et de fils métalliques :

106 — Deux larges portières d'une baie surmontées d'une bonne grâce drapée sur un bâton noir et or, façon bambou, portant sur des chimères-appliques ; deux patères de bronze figurées par des dragons, câblés et glands assortis.

107 à 109 — Trois paires de portières pareilles à celles qui précèdent, mais moins larges, avec bonnes grâces, patères et câblés.

110 — Dix panneaux de murailles en hauteur, dont plusieurs très étroits, composés comme les rideaux de broderies japonaises entourées de bandes de peluche verte.

111-112 — Deux petits divans avec coussins formant les dossiers et les accotoirs, couverts en mêmes étoffes.

113 — Deux fauteuils pareils.

114 — Pouf formé de deux coussins superposés,

en peluche verte, sur lesquels est jeté un carré de broderie japouaise.

115 — Trois chaises légères, en bois doré, à dossier formé de colonnettes, supportant des draperies et reliées par une balustrade ; siège en peluche et étoffe japonaise.

116 — Écran en bois sculpté, découpé à jour et doré, de style japonais, avec feuille en soie blanche damassée décorée de fleurs en broderie de soies multicolores, de travail japonais.

117 — Petit paravent à trois feuilles tendues d'étoffe de soie blanche brodée, pareille à celle de l'écran qui précède.

118 — Étagère japonaise en bois de fer sculpté et découpé à jour, à plusieurs tablettes supportées par des montants ouvragés.

119 — Guéridon carré, en bois gravé et incrusté de branches de fleurs en ivoire sculpté et teint. Le dessus est formé d'une belle plaque carrée en émail cloisonné de la Chine, historiée de vases, d'écrans à main et d'éventails, en émaux de couleur sur fond blanc.

120 — Petit bureau de dame, à tiroirs superposés et à décor d'oiseaux et de plantes, laqués dans le style japonais.

121 — Petit écran à deux feuilles : l'une, en peluche rouge ; l'autre, en broderie de soie et de fils dorés, à décor de vases de fleurs, de travail chinois.

122 — Table à jeu, en bois noir sculpté, dans le goût japonais.

123 — Lé de 7 m. 40 cent., en 70 centimètres de large, de soie de Chine écrue, couverte de fleurs arabesques brodées en soie même nuance.

124 à 127 — Serviettes, nappes, écharpes, en toile et en crêpe, décorées de broderies de soies et de fils métalliques.

128 — Plusieurs tapis d'Orient, variés de dessins.